Fácil & Rápido

El Acuario: Su Instalación y Mantenimiento

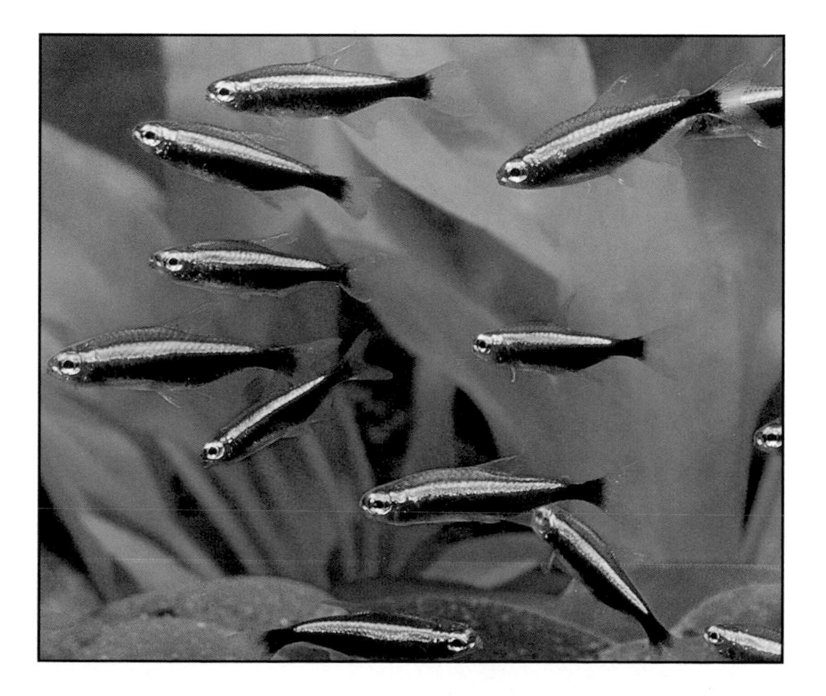

El Acuario:Su Instalación y Mantenimiento

T.F.H. Publications
One TFH Plaza
Third and Union Avenues
Neptune City, NJ 07753

Printed and Bound in China
06 07 08 09 1 3 5 7 9 8 6 4 2

Library of Congress Cataloging-in-Publication Data
Quick & easy freshwater aquarium set-up & care. Spanish.
Fácil & rápido el acuario : su instalación y mantenimiento / TFH staff.
p. cm.
Incluye referencias bibliográficas.
ISBN 0-7938-1046-9 (alk. paper)
1. Aquariums. I. T.F.H. Publications, Inc. II. Title.
SF457.3Q8518 2006
639.34-dc22
2006017983

¡El Líder en el cuidado de animales por más de 50 años!
www.tfhpublications.com

Contenido

Introducción al Acuario

Si éste es su primer acuario, ¡felicidades! Montar un acuario puede ser complicado. Lo mejor es informarse sobre como hacerlo para que no se presente ningún problema. Cuando termine de leer este libro, su conocimiento sobre los acuarios será tan extenso que podrá resolver cualquier problema que se presente. Podrá decidir sobre el equipo y el diseño del acuario que desea montar. El asesoramiento es la mejor arma para elegir un acuario, se ahorrará dinero y le salvará la vida a los peces. Si ha tenido un acuario antes y no le fue como usted esperaba, este libro le ayudará en todo lo necesario.

En primer lugar, veamos porque quiere tener un acuario. Quizá visitó a un amigo que tiene uno, puede servir de decoración, un tanque lleno de agua con peces de colores y plantas verdes, definitivamente algo muy llamativo. La fantasía de su colorido junto a la variedad inmensa de su fisonomía es una de las partes más atractivas del acuario. Es mejor que la televisión, más interesante y mucho más educativo.

No tenga miedo de la palabra "instrucción", uno tiene que instruirse en todo lo necesario al cuidado de los peces. Si usted es un maestro, se dará cuenta que montar un taque es un proceso educativo. Si montar un acuario es un proyecto para su clase, quizá cada estudiante o un grupo se puede encargar de seleccionar el equipo necesario, montar el tanque o elegir los peces. Un esfuerzo coordinado le ayudará en los pasos necesarios para poner su acuario en funcionamiento.

También puede ser que usted esté leyendo este libro porque le han regalado un acuario. Con este regalo tendrá la oportunidad de experimentar lo maravilloso que es cuidar de seres vivos. En cada uno de nosotros existe un sentimiento innato que nos impulsa a comunicarnos con el mundo que nos rodea. Aprender sobre los peces y sus necesidades le dará una lección en objetividad que le

Tener un acuario puede ser una experiencia educativa para niños y adultos.

Un pez ángel se sentirá más en su hogar en un acuario que no tenga mucha luz y con un agua un poco ácida.

servirá durante toda su vida. Para los jubilados, cuidar un acuario es un trabajo de todo el día. Les da algo que hacer, algo que observar y algo de que preocuparse.

Además, tener un acuario es beneficioso para la salud. Estudios médicos prueban que cuidar y mirar a los peces nadando en un acuario es terapéutico; baja la presión arterial y provoca una sentimiento de paz y bien estar. No existe mucho en este mundo que pueda afirmar reducir el estrés tanto como unos pececitos nadando. ¡Menos mal que existen los acuarios!

Como puede ver, la respuesta a la pregunta, ¿quien se puede beneficiar de un acuario? es todo el mundo, de cualquier edad, puede tener una razón en particular para montar su primer acuario. Es tan fácil para un joven (se recomienda de ocho años o más) como para un adulto tener un acuario, lo único que tienen que hacer es seguir una cuantas reglas y sugerencias.

Existen muchos tipos de acuarios diseñados para acomodar a organismos vivos. El más común, especialmente para principiantes, es el acuario comunitario. Implica que una variedad de diferentes especies de peces viven juntos en un ambiente relativamente estable y armonioso. Existen diferentes tipos de tanques comunitarios. Por ejemplo, uno de los tipos es una comunidad de peces procedentes de un área en particular. Estos acuarios son llamados acuarios comunitarios y sirven para exhibir la diversidad de peces dentro de un área específico. Dentro de este tipo están los acuarios biotopo que duplican un ambiente específico dentro de un "área geográfica". Un buen ejemplo de acuario biotopo es uno que duplica las aguas suaves y ácidas del Río Negro en Brasil. Otro ejemplo de acuario biotopo es el que imita la zona de escombros del Lago Malawi en África. Según vaya adquiriendo conocimiento sobre peces, también aprenderá como duplicar los diferentes tipos de acuarios.

Hace muchos años, cuando no se sabía mucho sobre los acuarios (1900-1940) había una falta enorme de productos en el mercado para el aficionado a los acuarios tropicales. Estos se veían obligados a inventar, a ser creativos o sacar provecho de los pocos productos disponibles en el mercado en ese momento. Los aficionados intentaban crear un ambiente lo más parecido posible a las condiciones encontradas en la naturaleza. El sistema de filtracion y respiración artificial eran muchas veces menospreciados. Estos tanques eran llamados acuarios "*equilibrados*". Debían tener un balance perfecto de plantas, peces y algunas veces invertebrados de agua dulce. Los animales y las plantas utilizan, desprenden y absorben cantidades iguales de oxígeno y dióxido de carbono. El agua permanecerá purificada, debido al proceso natural de filtración de las plantas. Los acuaristas solían decir que no habían cambiado el agua en años.

En la práctica, un acuario equilibrado era como una Utopía, era bastante bueno pero no perfecto. Un tanque comunitario "modificado" significa que se está creando un ecosistema para imitar a la naturaleza, y es fácil de mantener por cualquier aficionado que se lo proponga. Los componentes esenciales son los peces, las plantas y un equipo adecuado.

Seleccionar & Montar el Acuario

De qué medida debe ser el acuario? Depende del espacio que tenga y del dinero que quiera gastar. La medida adecuada para su primer acuario comunitario es de 20 a 30 galones. Se cree que cuanto más pequeño sea el tanque más problemático es su mantenimiento. Esto es cierto porque cuanto menos cantidad de agua, más fácil es que se contamine. Aunque el tanque más común es el acuario de 10 galones, es demasiado pequeño para que funcione como tanque comunitario. Un acuario de 30 galones es el más adecuado, pero debe considerar el costo. La medida del tanque es elección suya. Aunque un acuario de 10 galones es más problemático de mantener que uno de 20 galones, su mantenimiento no es difícil.

Elegir el Acuario

Si ha elegido un tanque de 20 galones, puede elegir 20 galones a lo alto o 20 galones a lo largo. La diferencia es obvia a primera vista. La medida de un acuario de 20 galones a lo alto es 24 pulgadas de largo por 16 pulgadas de alto por 12 pulgadas de ancho. Por lo tanto, puede elegir entre un tanque alto o uno largo. Cualquiera que elija afectará el contenido del acuario. Si esto le resulta complicado, compre un tanque de 30 galones. La medida para este tipo de tanque es 36 pulgadas de largo por 16 pulgadas de alto por 12 pulgadas de ancho. Este tanque le proporciona longitud y profundidad. El tanque de 20 galones no contiene 20 galones de agua; ésta es una cantidad aproximada. Un galón de agua pura pesa alrededor de 8.2 libras. Un pie cúbico de agua pesa 62.4 libras. Un tanque de 20 galones contiene 2.2 pies cúbicos, o 18.7 gallones, cuando está lleno.

La mayoría de los acuarios son de cristal con moldura de plástico para proteger las esquinas del cristal (y las manos del acuarista). El molde de plástico puede ser negro, marrón claro

Asegúrese de inspeccionar el tanque antes de llenarlo de agua.

Soporte del Acuario

Puede comprar un soporte para el acuario o puede usar un mueble como soporte, cualquiera de ellos funcionará a la perfección. La ubicación del tanque es muy importante. No debe estar al lado de la ventana porque demasiada luz hará que el agua se ponga verdosa y crezcan algas en poco tiempo. Tampoco lo ponga en un área donde haya mucho tráfico de gente, toda esa actividad hace que los peces sientan miedo. La base del acuario debe estar a 30 pulgadas del suelo, incluso es mejor que esté un poco más alto de 30 pulgadas que más bajo. Puede comprar un soporte de dos pisos, pero ponga los peces que no son miedosos en "la parte" de abajo. Un máximo de dos horas de luz solar es beneficioso para los peces. Más de dos horas calentará demasiado el agua. El resto de la luz debe ser suministrada por medio de la lámpara situada en la cubierta del tanque.

o marrón oscuro. Bernard Duke inventó un tanque de cristal con un molde de acero inoxidable, pero este modelo no se encuentra en el mercado en la actualidad. También puede encontrar tanques de plástico pero no son tan comunes como los de cristal.

Es importante que inspeccione el tanque antes de comprarlo. Asegúrese que no esté rajado, agrietado , defectuoso y que esté completamente sellado. La mayoría de los tanques vienen con una garantía limitada, por lo tanto es importante que pruebe el tanque lo antes posible para cerciorarse que no gotea. Puede usar este mismo agua para lavar el tanque, *no* use jabón ni detergente, sólo agua y una toalla suave. Si nota residuo de pegamento en el cristal, lo puede quitar con una cuchilla de afeitar. Cuando compruebe que el tanque no gotea, cerciórese que está nivelado, lo mejor es ubicarlo en el lugar donde va a estar permanentemente.

Accesorios para el Acuario

Para que el tanque esté completo, debe que comprar una serie de accesorios. Algunos de estos accesorios son considerados un lujo pero otros son necesarios para el funcionamiento del tanque. A continuación encontrará una lista de accesorios, puede conseguir más información en la tienda de mascotas:

- **Tanque y soporte**
- **Decoración, incluyendo el fondo**
- **Gravilla**
- **Bomba de aire y sus componentes**
- **Filtro (varios tipos)**
- **Calentador y termostato**
- **Tapa con luz**
- **Estuche de pH, manguera**
- **Comida, medicinas y un libro sobre enfermedades de peces**
- **Un alargador eléctrico (opcional)**

Estos accesorios son esenciales, sin ellos sería muy difícil mantener el acuario. Vamos a estudiar un poquito cada artículo para así saber que es lo mejor para su situación. Ya hemos estudiado la elección del tanque, colóquelo cerca de una toma de corriente. La parte de atrás del acuario debe estar separada de la pared de unas 10 a 12 pulgadas, para que haya sitio para ajustar el filtro, la bomba del aire o las válvulas. El soporte del tanque debe ser lo suficientemente fuerte para que aguante el tanque con el agua y los accesorios; un tanque de 20 galones con gravilla, pesará unas 175 libras.

Una vez que haya comprobado que el tanque no tiene ningún defecto, colóquelo con el soporte en el lugar donde va a estar permanentemente.

La Decoración de Fondo

Una parte esencial del acuario es la decoración. Aunque es agradable a la vista, también proporciona seguridad para los peces. Existe una gran variedad de colores y diseños. Puede elegir un hábitat natural o uno simple de un solo color. La decoración de fondo normalmente se pega en la parte de fuera del tanque, algunas son adhesivas. Existe una decoración de fondo de roca natural (generalmente arcilla) o un diseño que cuelga del tanque y de esta manera también ayuda con el ambiente ecológico del tanque. Muchos organismos pequeños les gusta esconderse en las cavidades de esta roca.

La Gravilla

Las rocas son un elemento indispensable en el acuario. Existe una gran variedad de donde elegir. Puede seleccionar la composición, textura, tamaño y el color. Se prefiere la gravilla natural para crear un ambiente lo más real posible. Este tipo de gravilla es de color blanquecino que ha sido aplastada o piedras de río. Si prefiere la gravilla oscura o de color natural, puede conseguir pedernal rojo. Dará color al acuario. También una mezcla de diferentes colores de gravilla es muy atractiva. La cantidad de gravilla que necesita depende del tamaño del acuario y a cuanta profundidad quiere de gravilla. Lo

La grava de color oscuro hace que los colores de los peces resalten más.

Lave la Gravilla

Antes de poner la grava en el tanque, debe lavarla muy bien con agua del grifo para quitarle toda la suciedad e impurezas. La gravilla debe lavarse continuamente hasta que el agua salga clara. Una vez limpia, puede colocarla en el tanque. Es buena idea comprar un cubo de platico de 2 o 3 galones para uso estrictamente del acuario. El cubo puede ser usado para sacar y poner agua en el tanque. Nunca lave la gravilla en un cubo que tenga restos de detergente.

normal es de una a dos libras por galón de agua. Si va a usar un filtro debajo de la grava o va a tener muchas plantas en el acuario, necesitará más cantidad de grava para que las raíces puedan crecer con más facilidad. En este caso, se recomiendan dos pulgadas de gravilla, si no va a tener muchas plantas, una pulgada es suficiente.

Coloque la grava limpia dentro del tanque, y ponga suficiente agua para cubrir nada más la grava. Si va a usar un filtro debajo de la grava, debe colocarlo dentro del tanque antes de añadir la grava. Extienda bien la gravilla para que esté bien nivelada por todos los lados. Llene el tanque de agua hasta la mitad. Recuerde que debe usar un producto para quitar el cloro o un anticloro. Use agua a una temperatura de 80 a 85 grados F, como usted va a estar tocando el agua, no hay necesidad de que use agua fria. Al ir añadiendo el agua, tenga cuidado de no mover la grava.

Bomba de Aire

Ahora es cuando va a empezar a utilizar todos los accesorios que compró para el acuario. Primero la bomba de aire, segundo el tubo, tercero la válvula, y cuarto el colgador de la bomba (si es necesario). La bomba de aire se usa para introducir aire dentro del acuario. Para esto es necesario un filtro. El aire es necesario para la operación del acuario. Produce una corriente que mueve agua del fondo a la superficie y permite un mejor cambio de gases al juntarse el aire con el agua. El oxígeno disuelto en el agua aumenta y el dióxido de carbono disminuye. Como los peces extraen el oxígeno del agua para respirar, es importante que el nivel de CO_2 sea bajo porque si el CO_2 es alto impedirá la respiración de los peces.

Usted debe elegir la bomba de aire según el número de salidas de aire que necesite. Las bombas más potentes cuestan más dinero. Para un acuario comunitario de 20 o 30 galones, tres salidas son generalmente suficientes. Coloque el soporte de la bomba en la parte de atrás del acuario y junto al soporte coloque la bomba. Coloque la manguera desde la bomba de aire a la válvula. Conecte el filtro, el rotor, y el resto de las piezas a la válvula. Enchufe la bomba, y ajuste las salidas de aire a un nivel razonable. Es importante que la bomba esté ubicada por encima de la superficie del agua porque si está por debajo, el agua podría entrar en la bomba si la electricidad falla. Aunque vaya a usar un filtro mecánico en lugar de un filtro interior, puede usar un rotor para que el agua circule mejor.

Las burbujas que crean las bombas de aire no solamente son agradables a la vista sino también hacen que los peces respiren más fácilmente.

Decoración del Acuario

Las plantas artificiales son una alternativa a las plantas naturales.

El siguiente paso es colocar la decoración y las plantas que ha comprado. Si se ha decidido por lo natural, usará troncos de madera, rocas, y plantan vivas. Todo esto debe ser enjuagado bien con agua del grifo y las plantas desinfectadas. En la tienda de mascotas puede comprar los desinfectantes que necesite, generalmente potasio perganmanate. Si va a construir cuevas con las rocas, asegúrese que estén en una posición segura y no se caerán aunque los peces muevan la gravilla que hay debajo de estas rocas.

Eche un último vistazo a la decoración y asegúrese que le gusta. Añada el resto del agua hasta que el tanque esté completamente lleno. Seguro que ya conectó el filtro al tanque en caso de que vaya a usar un filtro bajo la gravilla. Si va a usar un filtro interior o un exterior que va a estar localizado en la parte trasera del acuario, ahora es el momento de conectarlo. En un tanque de 20 o 30 galones, un filtro bajo la gravilla y otro mecánico funcionan bien juntos. Un filtro automático con dos rotores en el tanque también funcionará bien. Los componentes del filtro incluye perlón (fibra sintética de aspecto

Un tronco de madera artificial no altera el pH o la dureza del agua como lo hace un tronco natural.

algodonoso) y carbón activo. Si ya ha conectado la bomba de aire y el filtro, se habrá dado cuenta que necesita un alargador eléctrico.

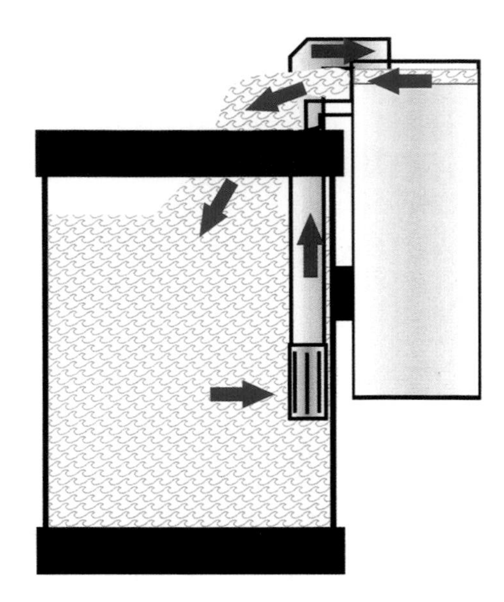

Diagrama de filtrado: la flecha roja indica agua sucia y la flecha azul indica agua limpia filtrada.

La Filtración

Existen dos tipos de filtros muy populares en el mercado. Uno saca el agua del tanque por un tubo; el agua pasa por el filtro y vuelve al tanque por medio de otro tubo. Los otros filtros se llaman modelos rebosantes. Este modelo saca el agua por un solo tubo, pasa por el filtro y vuelve en cascadas como una corriente de agua dentro del tanque. Los dos tipos son buenos.

Hay muchos otros tipos de esquema de filtrado. Los filtros "canister" son muy potentes y no se recomiendan para tanques pequeños. El filtro de goteo y otras variedades de la filtración biológica son demasiado engorrosos y muy delicados para los principiantes. Una vez que vaya adquiriendo experiencia y más tanques, apreciará esta técnica de filtrado.

Calefactor

Esperamos que todo le haya ido bien hasta aquí. Si es así, puede colocar el calefactor en el acuario (pero no lo enchufe aún), y espere 60 minutos para que alcance la temperatura del agua. Existen dos tipos básicos de calefactores: Uno permanece completamente sumergido mientras que el otro esta parcialmente sumergido y sujeto a un lado del acuario. Los dos son buenos, pero el sumergido

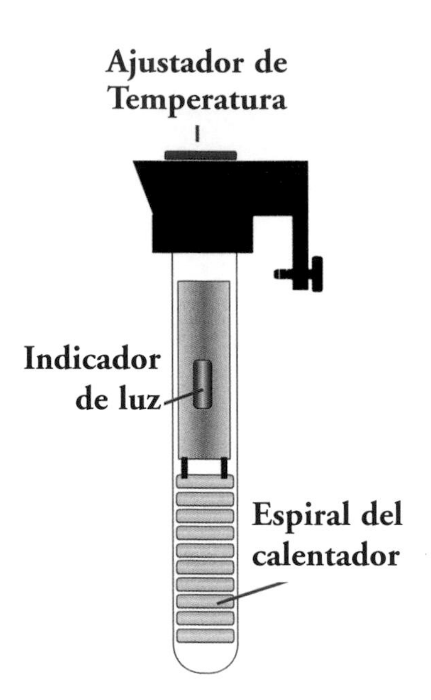

Los calentadores son una parte importante del equipo de un tanque de peces tropicales.

puede esconderse. Seleccione la medida adecuada usando la formula de cinco watios por galón. Por lo tanto, un tanque de 20 galones requiere un calefactor de 100 watios, y uno de 30 galones requiere uno de 150 watios. Enchufe el calentador y mueva el mando hasta que se encienda la luz. Compruebe la temperatura con un termómetro. Si la temperatura es demasiado baja, mueva el mando en la dirección adecuada hasta alcanzar la temperatura deseada y espere hasta que la luz se apague. Si el agua del acuario está más caliente de lo normal (78 a 82F), espere un poco que enfríe antes de programar el termostato que viene dentro del calefactor.

Tapas y Toldos

A parte de los peces, lo único que le falta es la tapa del acuario, la cual debe cubrir completamente el tanque. Una lámpara, preferiblemente fluorescente, estará situada en el medio de la tapa, con una abertura en la parte delantera para que pueda tener acceso al tanque. El vendedor de la tienda de mascotas debe enseñarle como conectar los accesorios que compre.

Tipos de Peces

Y ahora, ya puede comprar los peces para el acuario. El tanque debe estar en funcionamiento *por lo menos* 96 horas antes de meter los peces en el acuario. Asegúrese que el agua está clara y todos los filtros y la bomba de aire funcionan correctamente. La temperatura del agua debe estar entre 78 y 82 grados. Compruebe que el pH (potencial de hidrógeno) está entre 6.8 y 7.2. Si todo está en orden, siga adelante con el siguiente paso. Por un lado, este proceso que ha completado es el más fácil de este proyecto. Esta parte es la más divertida. Usted puede elegir los peces que más le gusten, en lugar de comprar especies específicas, pero esto casi siempre trae problemas y casi todos los tanques comunitarios presentan algún tipo de preocupación. Usted debe aceptar que no todos los peces que compre asimilarán su nuevo ambiente. Algunos serán muy agresivos, mientras que otros serán muy tímidos. Pero en general, si sigue las instrucciones al pie de la letra, y las sugerencias de un criador experto, los problemas serán relativamente pocos. También puede informarse en el *Atlas de Acuarios de agua dulce* para determinar el temperamento y el tamaño de los peces que en realidad le interesan.

Algunas clases de peces son mejores que otras para el tanque comunitario. Quizá sea por el tamaño, el tipo de comida, necesidades alimenticias y el temperamento. Por ejemplo, si compra un pez que va a crecer más que los demás y el tanque se le va a quedar pequeño, no es una buena elección. Algunos peces se vuelven territoriales y agresivos cuando se reproducen, y pueden destruir no sólo a otros peces sino también la decoración del acuario. Los peces depredadores se pueden comer a sus compañeros, y por lo tanto no son recomendados. Otros peces sin embargo, son muy tímidos y se esconden la mayor parte del tiempo; muy fácilmente pueden morir de hambre en un tanque comunitario. Puede elegir unos cuantos peces de diferentes colores de grupos selectos. Cada grupo tiene el distintivo de ser fácil de mantener; comen casi cualquier tipo de alimento y aceptan condiciones de agua muy variada. Estos peces son poco agresivos y relativamente económicos. A continuación se los presentamos.

Los platis son de diferentes colores y son muy usados por los acuaristas aficionados.

Los Poecílidos

Los poecílidos son probablemente los peces más populares para principiantes. Las crías son

Los peces espada son de diferentes colores y crecen un poco más que sus primos los platis.

reproducciones exactas de la madre al momento de nacer. Estos pececitos son bastante grandes cuando nacen y perfectamente capaces de cuidarse y sobrevivir si sus padres y otros peces del acuario no se los comen. Cuando la hembra está preñada debe ser colocada en un lugar seguro para que ella y sus pequeños puedan ser protegidos. La reproducción en los poecílidos es muy fácil lo único que se necesita es un macho y una hembra. Son muy fácil de distinguir, el macho tiene la aleta del ano parecida a un órgano reproductor conocido como *gonopodio*. La hembra tiene la aleta anal en forma de cuña. Existen gran variedad de poecílidos. En realidad están compuestos de unas cuantas especies nada más pero han sido desarrollados en una gran multitud de variedades en los criaderos de peces alrededor del mundo. La genética de muchos poecílidos es bastante plástica, y nuevos linajes pueden ser creados en sólo unas cuantas generaciones.

La mayoría de ellos son capaces de reproducir a los tres o cuatro meses de edad, por lo tanto, se pueden producir varias generaciones en un año. Los poecílidos más comunes son los gupys, platis, colas de espada, y molis. Los *Poecilia reticulata* (gupy) es considerado el rey de todas las especies creadas genéticamente, y podemos encontrarlo en muchos colores y con aletas de diferentes formas.

Los molis prefieren el agua un poco salada.

Desafortunadamente, los gupys no son de los mejores peces comunitarios ya que los machos son muy pequeños y tienen aletas muy largas que pueden ser mordidas por otros peces. Esto no significa que no pueda tenerlos en el tanque, sino que debe de elegir con mucho cuidados a sus compañeros.

Quizá los más adecuados son los platis (*Xiphophorus maculatus* y *Xiphophorus variatus*) y las colas de espada (*Xiphophorus helleri*) ya

Banco de Peces

Cuando compre peces de los que forman bancos, es esencial que compre de seis a ocho peces, de otra manera no formaran bancos. Los mejores tipos de peces a considerar para esta función son los tetras, barbos, rasboras, danios, y arco iris. La mayoría de estos peces aun cuando crezcan en su totalidad, son suficientemente pequeños para un tanque comunitario.

que estos están relacionados. Miden de 2.5 a 4 pulgadas de largos y se pueden defender fácilmente. Los molis (*Poecilia latipinna, P. Velifera,* y *P. Sphenops*) son muy populares, pero les gusta que el agua tenga un poco de sal y una dieta alta en vegetales. Pueden crecer bastante, y esto podría causar problemas en el futuro. En realidad, la elección es suya, y no hay ninguna razón por la que deba rechazar a ninguno de estos peces. Es buena idea que revise el Atlas de Peces de Agua Dulce (*Atlas of Freshwater Fishes*) donde encontrará 9,000 fotos a color con descripciones para una fácil selección.

Banco de Peces

Es un grupo artificial que contiene muchos diferentes tipos de peces, pero todos ellos tienden a nadar en bancos si son suficientes en número. La mayoría de estos peces se reproducen esparciendo los huevos, por lo que también son conocidos como *"esparcidores de huevos"*. Es poco probable que estas especies se reproduzcan en el acuario y que sus alevines sobrevivan, el propósito de un tanque comunitario es observar a los peces, no hacerlos que se reproduzcan. (Eso puede llegar más tarde si decide especializarse en algún grupo específico de peces.)

Los Tetras

Los tetras se encuentran el Suramérica, América Central, y también en África. Son generalmente pequeños, de muchos colores que viven en bancos y se pueden encontrar en aguas tranquilas. Excepto porque a veces muerden las aletas de otros peces, la mayoría de los tetras no dan grandes problemas. Puede elegir algunas de las especies de la lista que incluimos a continuación para su acuario comunitario:

***Hemigrammus caudovittatus,* Tetra de Buenos Aires**

***H. erythrozonus,* Tetra Luminoso**

***H. ocellifer,* Tetra de Luz**

***Petitella georgiae,* Tetra Georgette**

***Hyphessobrycon flammeus,* Tetra Flama**

El tetra limón es una de las especies de bancos de peces más fáciles de cuidar.

H. erythrostigma, **Tetra Pérez**

H. herbertaxelrodi, **Tetra Neón Negro**

H. serpae, **Tetra Serpa**

Paracheirodon axelrodi, **Tetra Cardenal**

Gymnocorymbus ternetzi, **Tetra Negro**

Paracheirodon innesi, **Tetra Neón**

Los Barbos

Los barbos son más agresivos que los tetras, y crecen más. Se encuentran en su mayoría en Asia y África, pero la mayor parte de las especies mascota vienen de Asia. Tienen una gran variedad de colores y un linaje de aletas largas, principalmente los barbos y los danios. Estas son algunas de las especies:

Puntius everetti, **Barbo Payaso**

P. lateristriga, **Barbo pontius**

P. semifasciolatus, **Barbo Mitad Rayado**

P. oligolepis, **Barbo Ajedrez**

P. titteya, **Barbo Cereza**

El barbo tigre verde es una de las variantes del barbo tigre común.

***P. tetrazona,* Barbo Sumatrano**

***P. conchonius,* Barbo Rosa**

***P. filamentosus,* Barbo Negro Pinteado**

***P. lineatus,* Barbo Rayado**

***P. nigrofasciatus,* Barbo Negro**

***P. ticto,* Barbo ticto**

A diferencia de los tetras, unos cuantos barbos pueden formar un banco, y como son agresivos comiendo, muchos de ellos comen más de lo necesario. De todos los bancos de peces que hemos mencionado, los barbos son los peores mordiendo aletas. Esto no quiere decir que no puedan formar parte de un tanque comunitario, sino que sólo de vez en cuando ponga algún barbo en el tanque pero no muchos.

Rasboras

Las rasboras y los danios son ciprínidos que están relacionados. La mayor diferencia entre ellos es que los danios tienen barbas y las rasboras no. Estas dos especies pueden convivir en el tanque comunitario. Suelen formar grupos de seis o diez peces y resulta muy atractivo verles nadar, y se pueden mezclar con otros peces. Los danios nadan casi siempre en la superficie, mientras que las rasboras viven en la pare media alta del tanque. Aquí nombramos algunas especies de ciprínidos:

***Brachydanio albolineatus,* Danio Perla**

***B. rerio,* Danio Cebra**

***Rasbora borapontensis,* Rasbora Roja**

***R. einthoveni,* Rasbara Brillante**

***R. kalachroma,* Rasbora Payaso**

***R. trilineatus,* Rabora Tijera**

***Tanichthys albonubes,* Danio Albonube**

***T. micagemmae,* Danio Negro**

***Trigonostigma hereomorpha,* Rasbora Arlequín**

Aunque observar bancos de diferentes especies de peces puede ser muy bonito, no es buena idea mezclar muchos bancos de peces de diferentes especies. Experimentar es el objetivo de una buena combinación. El último grupo de banco de peces que puede añadir al acuario es conocido como arco iris. Pertenecen a la familia de los Melanotaenia y de los Atherina y son principalmente originarios de Nueva Guinea y Australia. Son bastante diferentes de otros peces ya que tienen dos aletas dorsales y se comportan como si fueran recién nacidos. Existen muchas especies en el mercado y según el nombre implica, estos peces tienen multitud de colores y son preciosos en un tanque comunitario.

Las rasboras arlequín son generalmente pacíficas y son buenas en pequeños bancos de peces.

Los Cíclidos

La familia de los cíclidos la forman más de 1,500 especies y muchas de ellas son muy populares en los acuarios del

El pez ángel de agua dulce es una de las especies más populares de cíclidos.

todo el mundo. El único problema es que algunos de ellos crecen demasiado, son muy agresivos y remueven la gravilla del tanque demasiado, por lo que no se les considera peces adecuados para un tanque comunitario. Existe un grupo de especies neo tropicales que no crecen más de cuatro pulgadas y raramente remueven el fondo o

Un Consejo acerca de los Cíclidos

Los cíclidos son muy territoriales, lo que quiere decir que a veces intentan defender algún objeto que se encuentra en el tanque como una roca o un pedazo de madera. Si tiene demasiados cíclidos, muy pronto tendrán el tanque dividido en zonas de lucha. Obviamente, debe de restringir el número de cíclicos que pone en el tanque para que los otros peces que vivan en el tanque no tengan problemas. Por lo tanto no es buena idea tener más de dos peces de cada especie de cíclidos.

atacan a sus compañeros. Estos peces son comúnmente conocidos como cíclidos e incluyen especies como:

***Mikrogeophagus ramirezi*, Ramirezi**
***Apistogramma agassizi*, Cíclido Enano Espada**
***A. borelli*, Cíclido Enano Amarillo**
***Nannacara anomala*, Cíclido Enano Brillante**
***Crenicara filamentosa*, Cíclido filamentoso**

Algunos cíclidos más grandes son pacíficos y se portan bien en un tanque comunitario. Estos incluyen los *Heros severum* (tipo dorado y regular), *Mesonata festivum* (cíclido bandera), y especies de *Pterophyllum* (pez ángel). Los pez ángel han sido criados en diferentes linajes como plateado, mármol, sonrojado, mitad-negro, negro, cebra, y dorado.

Muchos de los cíclidos de boca grande originarios de África, especialmente el *Haplochomis* electra es bueno para el tanque comunitario pero tenga en mente que esta especie mueve mucho el fondo. Es posible criar cíclidos de boca grande en un tanque

Los pezgato deben de estar en grupos pequeños para que se sientan cómodos.

Los tiburones de cola roja son excelentes para un tanque comunitario.

comunitario y recoger los alevines. Con frecuencia escapan de la boca de los padres para convivir y crecer en el tanque. Los cíclidos de los Lagos Rift de África son considerados demasiado agresivos para una convivencia normal en el tanque y también requieren un agua dura y alcalina, no recomendable para un tanque comunitario, pero puede tener comunidades de una misma especie.

Finalmente, si no le molesta que escarben con frecuencia, las especies de *Geophagus* y *Satanoperca* de Suramérica son bastante pacificas, aunque crecen hasta alcanzar una medida considerable. Un tanque comunitario sin cíclidos es como una tarta sin crema. Estos peces tan desarrollados exhiben un interesante y diverso comportamiento.

Habitantes del Fondo

El próximo grupo de peces recomendado para un tanque comunitario son los habitantes del fondo, erróneamente conocidos como excavadores. Estos son principalmente los pezgato, anguilas, lochas, comedores de algas y algunas especies de tiburón (ciprínidos con características semejantes). Los pezgato del genero de las *corydoras* son residentes frecuentes de los acuarios y son totalmente pacíficos. Existen más de 100 especies de *corydoras*, y puede comprar muchas de ellas en su tienda de mascotas. Existe otro tipo de pezgato mas pequeño llamado boca de ventosa de la familia de los Loricariidae. La mayoría de los *corydoras* siluru crecen demasiado para un tanque comunitario, consulte con su proveedor para ver cual es el más conveniente.

Las lochas son de diferentes formas y medidas, y todas las lochas kuhlii añadirán un toque de emoción a su tanque. Lo mismo que las anguilas, son cómicas e inofensivas. Pero tenga cuidado, algunas anguilas crecen demasiado para un tanque comunitario.

El tiburón de cola roja (*Epalzeorhynchos bicolor*) y el tiburón de aletas rojas (*E. Erythurus*) añaden interés al tanque comunitario. Se están constantemente moviendo, buscando algo para comer. Una mala costumbre que tienen, es perseguir a los otros peces del tanque. Este comportamiento puede causar problemas,

Los guramis enanos son bonitos y no crecen mucho comparado con otros guramis.

Una comunidad de guramis mezclados es agradable a la vista.

especialmente si tiene dos tiburones. Sólo compre un tiburón para el tanque.

Es obvio que el tanque sólo puede tener una cantidad de habitantes de fondo, tenga cuidado al elegir esta clase de peces, cuatro habitantes de fondo es suficiente para un tanque de 20 a 30 galones.

Anabántidos

Estas especies son conocidas como peces laberinto o constructores de nidos de burbujas. Poseen un órgano respiratorio que les permite extraer oxigeno del aire. El uso de este órgano es tan vital, que los peces atrapados debajo de la superficie morirán, ya que sus agallas no pueden extraer suficiente oxigeno del agua. Existen tres tipos de anabántidos (1) peces paraíso, (2) betas, (3) guramis. Los peces paraíso fueron unos de los primeros peces tropicales introducidos en el acuario común. Prefieren las aguas mas frías ya que son encontrados principalmente en China, pero sobreviven en temperaturas hasta 84°F. Sólo existe una especie de peces paraíso en el mercado en forma de albino. *Macropodus opercularis* es el pez paraíso mas común. En el acuario comunitario se recomienda tener solamente un par.

Los betas son de muchos colores y diseños. Este beta tiene gran cantidad de morado.

Los *betta splendens,* también conocidos como pez luchador siamés, es uno de los peces más populares en los acuarios. El único problema es que los machos tienden a ser muy agresivos y no pueden estar juntos en un tanque comunitario. Puede tener un macho con unas cuantas hembras, pero debe tener en cuenta que las hembras envejecerán rápidamente debido a los continuos perseguimientos del macho. Uno de los mayores problemas con los *betta splendens* es el mismo que con los gupys. Los machos de estas dos especies tienen aletas largas y fluidas, y son con frecuencia mordidas, rasgadas o destrozadas por otros peces en el tanque. Existen muchas otras especies de *betas* que se pueden tener como mascotas en los acuarios, y una de estas especies puede ser una buena elección para el tanque comunitario. Pero recuerde, sólo debe tener un macho en el tanque.

Los guramis son peces muy populares en los acuarios, y existen muchas especies de donde los aficionados pueden elegir. Casi todas ellas pueden ser usadas en el tanque comunitario, pero algunas crecen más que otras. Los guramis del genero *Colisa* tienden a ser pequeños, nunca crecen más de tres pulgadas de largo, mientras que los guramis del genero *Trichogaster* pueden llagar hasta las diez pulgadas de largo, pero lo normal es que crezcan hasta seis pulgadas. Los peces de cualquiera de estos géneros se pueden usar en el tanque, aunque los guramis *colisa* tienden a ser menos agresivos, y se pueden tener muchos de ellos juntos. Algunos de los peces que puede comprar son:

Colisa lalia, **Gurami Enano**
C. chuna, **Gurami Miel**
C. labiosus, **Gurami Besador**
Trichogaster trichopterus, **Gurami Azul**
T. leeri, **Gurami Perla**
T. microlepis, **Gurami Luna**

El oranda de capucha roja es uno de los "fancy goldfish" más deseados.

El gurami azul ha sido desarrollado en diferentes variedades, incluyendo el gurami Cosby (gurami mármol), el gurami dorado y el plateado. Linajes desarrollados recientemente de las especies más pequeñas, incluyen el gurami fuego y el gurami miel dorado. Si decide tener guramis *colisa* en el tanque, puede tener más de dos de una especie y puede tener diferentes especies juntas. Con el tipo de *Trichogaster*, sólo se recomienda tener un par o tres de una sola especie.

Si decide tener peces muy pequeños en su tanque comunitario, hay una especie de guramis que sólo crecen hasta 1.5 pulgadas. Estos son los guramis brillantes (pygmy), *Trichopois pumilus*. Se llevan bien con otros peces pequeños no agresivos. No los junte con los guramis más grandes del genero *Colisa* y *Trichogaster*.

Como los guramis son anabántidos, se pasarán gran parte del tiempo en la superficie para poder respirar. Cuando tenga peces laberinto en el tanque comunitario, debe tener cuidado que no haya muchas plantas en la superficie del agua. Pueden evitar que los peces obtengan suficiente aire. También existe el gurami besador, aunque es un pez muy interesante, crece demasiado para un tanque comunitario.

Goldfish y Koi

Muchos acuaristas no consideran a los goldfish o los koi como peces de acuario. No debería de ser así. Existen muchas formas exóticas, raras, y hasta grotescas de goldfish y koi que son perfectos para el acuario.

Además de añadir color al acuario, los goldfish y los koi son pacíficos, relativamente económicos y muy interesantes. Los más pequeños son especialmente ideales para los tanques comunitarios.

En la tienda de mascotas, pida que le enseñen algunas variedades de los goldfish y koi. También es muy fácil alimentarlos. Comen cualquier cosa que les dé a los otros peces del tanque comunitario, no importa que sea comida fresca, congelada, seca o deshidratada. Les gusta escarbar el fondo del acuario.

Comida y Alimentación

Podemos encontrar diferentes tipos de comida idónea para acuarios. Muchas de ellas han sido formuladas como comidas preparadas y puede encontrarlas a la venta en la tienda de mascotas y tiendas donde venden productos para acuarios. Este tipo de comida preparada es la mejor opción para el acuarista principiante. Tienen una gran cantidad de nutrientes para los peces. Existen muchas otras formas de alimentar a sus mascotas, y de eso vamos a hablar en este capítulo.

Lo primero que los aficionados deben de hacer, es informarse sobre las diferentes clases de comida disponible para peces. Existen muchos tipos de gran calidad, pero muchas veces no son usados por falta de información. Otro problema que preocupa a los acuaristas es que a veces es difícil conseguir este tipo de comida, especialmente si se trata de materia viva.

Alimentos Vivos

En la mayoría de los casos, darle comida viva a sus peces es la mejor manera de ofrecerles una gran variedad de nutrientes y vitaminas. Sin embargo, la comida viva es gran portadora de enfermedades, por lo tanto tiene que estar seguro que la comida está fresca y no va a causar ninguna enfermedad. Siempre que sea posible, debe averiguar la procedencia de esta comida para no correr ningún riesgo. Esto es principalmente importante con los gusanos y las lombrices negras, ya que este tipo de comida es conocida por su alto riesgo de bacterias y enfermedades.

Tubifex y Lombrices Negras

Mientras que las lombrices tubifex (*Tubifex, Limnodrilus*) y las lombrices negras (*Lumbriculus variegatus*) son completamente diferentes animales desde el punto de vista de su clasificación, son muy similares cuando se trata de su cuidado, su comportamiento y

Las lombrices negras deben de estar limpias y tener un estado saludable antes de dárselas a sus peces.

¡Mantenga los Gusanos Frescos!

Las lombrices tubifex y las lombrices negras son mejores cuando las compra frescas. Son muy delicadas, no importa si las compra todos los días, todas las semanas, o todos los meses, se estropean con facilidad, necesitan estar en un lugar frió y en agua limpia para sobrevivir incluso unas horas. Las tiendas de mascotas reciben mercancía normalmente dos veces a la semana, por lo tanto es mejor comprarlas según las vaya necesitando.

la capacidad alimenticia que tienen para los peces. Además, hay que aclarar que se usa el nombre de tubifex para muchos organismos diferentes que están relacionados entre sí. En Asia, la mayoría de los criadores expertos en Discus les dan grandes cantidades de lombrices tubifex como dieta. Hacen esto principalmente para proveer a su gran surtido de peces con una alimentación fácil y rápida que además ofrece una gran cantidad de proteínas y nutrientes.

Hace años, Pierre Brichard – un famoso exportador de cíclidos de el Lago Tanganyika- cultivaba lombrices tubifex para usarlas como alimento para sus peces mientras esperaba que fueran exportados a Los Estados Unidos y Europa. Se las daba a los peces en unos cuencos grandes una o dos veces al día. Brichard estaba convencido de que no había comida como tubifex, que pudiera reparar el daño que sufrían los peces al ser capturados. Por supuesto usaba buena comida, buen agua (de ese mismo lago), y medicamentos caros para lograrlo pero siempre atribuyó el éxito a las lombrices.

Es *extremadamente* importante el cuidado y un manejo adecuado de las lombrices tubifex. Es muy común que los aficionados después de comprar estas lombrices, recuerdan que tienen que ir al supermercado, y de camino alquilan una película de video; y para cuando llegan a casa, las lombrices están deshechas, aunque parezca humorístico, pasa frecuentemente. Y lo que es más terrible, es que sin pensarlo mucho, los aficionados echan todas lombrices al acuario.

El resultado casi instantáneo es un acuario nuboso y con un terrible olor. Se dará cuenta de lo que acaba de hacer cuando los peces se acercan a comer y dan una vuelta de 180 grados y se alejan lo más rápidamente posible de la nube olorosa que acaba de invadir su hogar. Para arreglar el problema, necesitará cambiar el agua del acuario unas cuantas veces y tendrá que comprobar el nivel de amoniaco y nitritos muchas veces. Además, todo este cambio de agua molestará al acuario más de lo que usted cree. Por lo tanto, tenga cuidado.

Es muy importante que las lombrices estén limpias. Y así podrá concentrarse en los nutrientes que estas aportan a los peces.

El añadir estas lombrices a la dieta de sus peces es muy importante por muchas razones. La primera es que proporciona a los peces proteína cruda. La segunda es que la cantidad de nutrientes que estos organismos aportan es completamente diferente a la que aportan otros tipos de comida, no necesariamente mejor pero si diferente. Otra razón es que al darles lombrices a los peces que viven en un acuario les está ofreciendo la oportunidad de cazar y buscar su presa como si estuvieran en su hábitat. Esto es posiblemente más beneficial para su estado mental que cualquier otra cosa. Los peces también merecen divertirse, ¿no cree?

Cuando les dé lombrices, hágalo de tal manera que tengan acceso a ellas. La mejor manera de hacerlo es con un comedero que tenga agujeros por donde salgan las lombrices. Puede comprar estos comederos en la tienda de mascotas, además tienen un ajuste para poder colocarlo a un lado del acuario, también los hay con una especie de anillo en la parte de arriba que comprime el aire y permite que el comedero flote en la superficie.

Los embudos usados como comederos de lombrices son recomendados para todo tipo de lombrices vivas excepto lombrices de tierra.

La cantidad de lombrices que debe darle a los peces en una ración, debe ser calculada cuidadosamente. No debe poner muchas en el comedero para que no caigan al fondo del acuario y acaben en la superficie de la gravilla. No estamos estudiando acuarios que no tienen gravilla en el fondo, este tipo de acuario no presenta tanta dificultad porque si las lombrices caen al fondo es fácil reciclarlas para la próxima comida. Las lombrices negras son conocidas por la habilidad de invadir la gravilla de los acuarios y vivir ahí durante muchos meses. Se reproducen con frecuencia, y algunos aficionados las han usado para limpiar el exceso de arena en exhibiciones de tanques.

Deje que los peces festejen su manjar hasta que tengan el estómago lleno o hasta saciarse. Le sorprenderá averiguar cuantas lombrices necesita un tetra para saciarse. Para alimentar a muchos peces pequeños necesitará el tamaño de una pelota de golf, lo mismo que si está alimentando a unos cuantos peces más grandes.

Una Sugerencia sobre las Lombrices

Ya que las lombrices tubifex y las lombrices negras aportan gran cantidad de nutrientes, el desperdicio de los peces también es alto en nutrientes. Los peces que son alimentados con una dieta rica en contenido animal tendrán desperdicios ricos en nutrientes y esto causa un gran problema para el agua y afecta su química.

Si siente que les ha dado demasiada comida o que les ha dado lombrices que no estaban en buen estado, lo mejor es cambiar parte del agua unas cuantas veces, compruebe el amoniaco y el nitrito cada hora durante ocho horas. Al día siguiente, compruebe de nuevo el nivel de amoniaco y nitrito por lo menos cuatro veces o hasta que sienta que no hay peligro. Si en realidad les dio lombrices estropeadas a los peces y el acuario está empezando a dar olor y se pone nuboso, cambie el agua completamente unas cuantas veces y repita el proceso de comprobar el amoniaco y el nitrito. Use un condicionador para el agua, lo puede comprar en la tienda de mascotas.

Comida Fresca

Se define como comida fresca al tipo de comida que no está viva, que no ha sido congelada, y no ha sido procesada. La comida fresca es quizá la mejor para el aficionado. Casi siempre, la comida fresca ofrece todos los nutrientes de la comida viva pero sin los inconvenientes de ésta.

Comida Congelada

Mucha de la comida viva y fresca también la puede encontrar congelada. Generalmente, aportan los mismos nutrientes, pero es mas fácil de almacenar ya que puede guardarlas en el congelador. Sin embargo, cuanto más tiempo están congeladas más nutrientes pierden. Esto es debido a la estructura cristalina del hielo y al daño que el hielo causa a las células de la comida.

La comida congelada solamente es buena durante un cierto tiempo. No se recomienda que guarde un paquete de comida más de un mes, incluso un mes puede ser demasiado. La comida congelada que es expuesta al aire (al sacar el paquete para coger un poco) se seca. Esto sucede cuando el aire seco del congelador seca la comida congelada hasta el punto que no se puede comer.

Comida Seca Congelada

Algunos organismos es mejor almacenarlos cuando pasan un proceso conocido como secado congelado. Estos organismos son preservados enteros, en su forma original y con casi todos los nutrientes intactos. Sin embargo, este tipo de comida puede resultar muy costoso comparado con la comida congelada. Casi toda la comida que existe seca congelada, también existe viva, fresca, y congelada, como puede ver tiene diferentes opciones.

Consejos para la Comida Congelada

Se recomienda la comida congelada por su diversidad y su alta calidad. La comida congelada puede partirse en pedazos pequeños y puede guardarse en paquetes individuales para no exponer al aire el resto del paquete.

Para darle un pedazo de comida congelada a su pez, simplemente ponga el pedazo en un poco de agua que ha sacado del acuario. Deje que el pedazo se derrita. Normalmente tarda 15 minutos en derretirse. Cuele la comida y tire el agua. En el caso de porciones grandes como pescado o camarón, enjuague la comida con agua del acuario antes de dársela a los peces. La comida seca debe de dársela poco a poco para que no caiga al fondo del tanque. Déles comida congelada lo más posible, pero cuando pueda déles comida preparada de alta calidad.

Algunos tipos de comida que no encuentra viva, algunas veces puede encontrarla congelada, pero lo que casi siempre puede encontrar seco congelado es el krill. El krill es una especie de camarón que habita en las frías aguas del hemisferio norte y sur. Aporta una gran cantidad de vitaminas, minerales y antioxidantes, además de un color muy característico.

Una dieta variada es siempre la mejor opción para la alimentación de sus peces. Si tiene espacio suficiente en el congelador, puede usar comidas congeladas, si no es así, no se preocupe, lo más importante es la variedad.

Comida Preparada

Casi toda la comida disponible ha sido preparada de una manera u otra. Incluso la comida congelada y seca congelada están preparadas, aunque se tiende a creer que no es así. Aquí estudiaremos algunos tipos de comida que son consideradas "pre-

Hay algunos tipos de comida congelada seca que se puede pegar al cristal del acuario para que los peces la coman.

formuladas". Entre este tipo de alimentación, podemos encontrar los copos, bolitas de comida, comida deshidratada y comida líquida.

Los Copos

Los copos son quizá el tipo de comida de pez que más se vende en el mercado. Este tipo de comida ha estado disponible durante décadas. Diferentes marcas han aparecido y desaparecido del mercado, unas de mejor calidad que otras.

Los copos es la comida más popular entre los aficionados a los acuarios marinos y de agua dulce. Vienen en diferentes colores, composiciones, textura y tamaño. En realidad, lo primero que el aficionado elige a la hora de alimentar a sus mascotas es un bote de copos de comida.

Aunque los copos los puede encontrar fácilmente, ¿sabe si es en realidad el mejor tipo de comida para sus peces? Los copos de comida no son malos, y muchos de ellos son de muy buena calidad. Sin embargo, debe de usar el mismo criterio que con la comida congelada seca y otros tipos de comida preparada. Además de ser de mayor calidad, puede encontrar una gran diversidad de esta comida. Hay copos de comida que han sido creados con todo tipo de alimento.

Los peces pequeños tienen bocas pequeñas y necesitan comida en pedacitos. Desafortunadamente, la mayoría de los insectos son demasiado grandes para peces como los tetras, barbos, danios y rasboras, pero los copos de comida están compuestos de insectos y son del tamaño adecuado para la boca de estos pececitos. También puede encontrar comida preparada que contiene lombrices de tierra, tubifex, y grillos que puede añadir a la dieta.

A veces es difícil encontrar este tipo de comida, pero si la encuentra, cómprela porque los insectos son una gran fuente de vitaminas naturales y minerales para los peces. A continuación nombramos algunos alimentos que puede encontrar en forma de copos:

Los discos muy jóvenes tienen bocas muy pequeñas y necesitan partículas de comida muy pequeñas para poder alimentarse.

- Lombrices de tierra (nutrientes únicos)
- Lombrices tubifex (nutrientes únicos)
- Grillos (nutrientes de insecto)
- Polen de abeja (añade color)
- Polvos de *spirulina* (añade color y vigor)
- Corazón de ternera (grasas)
- Pollo (nutrientes únicos)
- Hígado (hierro)
- Hueso (extra calcio)
- Bananas (potasio)
- Sangre seca (añade color y estimula el apetito)
- Krill (añade color)

- Esponjas marinas (una cantidad de vitaminas únicas)
- Algas marinas (añade color)

Como puede ver la lista es bastante extensa, y esto es solamente algunos de los alimentos que los aficionados y los profesionales han producido. Como con toda la comida, lo importante es una dieta variada y equilibrada. La próxima vez que vaya de compras a la tienda de mascotas, lea el contenido de los productos que vaya a comprar y se dará cuenta de la gran variedad que existe.

Comida deshidratada y Granulada

Al igual que los copos de comida, la comida deshidratada puede encontrarla en diferentes colores, composiciones, texturas y tamaños. La única diferencia es que la comida deshidratada mantiene los valores nutricionales más tiempo que los copos de comida, por lo tanto el pez injiere una comida repleta de nutrientes.

La comida deshidratada puede ser dañina para los acuarios donde el agua se mueve bruscamente. Lo mismo que los copos, la comida deshidratada tiene tendencia a estropearse con facilidad. Tenga

La locha payaso necesita comida preparada en bolitas o en forma liquida.

cuidado a la hora de alimentar a sus peces, solo déles la cantidad que van a comer en ese momento. Cuando se lo hayan comido, puede darles un poco más. Si sus peces son muy agresivos, quizá deba comprar comederos automáticos que vayan soltando poco a poco la comida. Coloque uno a cada lado del tanque. Para acuarios largos (más de 8 pies de largo), se recomienda tres o cuatro comederos automáticos.

La comida deshidratada se expande una vez ingerida. Los copos de comida también pero mucho menos. Lo mismo pasa con la comida de perro que cae en el bebedero del perro. Los peces no se dan cuenta de esto hasta más tarde lo que puede causarles incomodidad. Debe de recordar esto y no darles demasiado comida.

La comida granulada es producida generalmente para los peces que viven en el fondo, ya que ésta se hunde. Existen diferentes tipos en el mercado. Un tipo está compuesto de una base vegetal especial para herbívoros y otro tipo es diseñado para peces carnívoros. La comida granulada se asimila a discos aplastados, pero también los hay en forma de estrella. Todos tienen el mismo propósito pero añaden más variedad a la dieta.

Horario de Comida

Es difícil recomendar un horario de comida, existen diferentes maneras, técnicas y costumbres, por lo tanto no se puede dar un horario exacto. Todo depende del tipo de peces que tiene, con el tiempo se dará cuenta de qué es lo más adecuado para ellos.

Usted ya sabe el tipo de comida disponible en el mercado y que es lo más recomendado. Darle de comer a sus peces es una experiencia maravillosa que debe compartir con su familia. No importa que sea una o tres veces al día, los pequeños de la casa pueden participar, es educativo y aprender lleva tiempo y dedicación. Es una ciencia tanto como un arte.

Por lo general, los peces deben ser alimentados todos los días. Sin embargo, esta generalización es controversial y necesita ser más específica. ¿Qué pasa si decimos que los peces comunitarios necesitan ser alimentados todos los días, pero los peces depredadores necesitan ser alimentados tres veces a la semana? Está bien, ¿pero qué pasa si tenemos un tanque comunitario de peces depredadores?

Para complicar esto un poco más, ¿qué pasa si tenemos peces depredadores oportunistas o peces que no comen animales si no estuvieran ahí para ser comidos? ¿Son los tetras depredadores? No en el sentido general de la palabra pero sí se comen las moscas que hay en el agua.

Lo que estamos diciendo es que todos los peces son depredadores de una manera u otra. Este es un concepto importante que hay que aprender y entender. La alimentación de los peces tiene mucho más que ver con oportunidad y metabolismo que ninguna otra cosa.

Vamos a estudiarlo un poco más para aclararlo lo más posible. Recuerde que estas son sólo reglas de como alimentar a sus peces, no son leyes. El resultado que usted obtenga puede ser diferente,

La Comida Adecuada en el Momento Adecuado

La oportunidad que los peces tienen de comer depende de usted, y de cuando les dé los alimentos. Casi siempre que les ofrezca comida los peces comerán en mayor o menor cantidad. Esto puede ser bueno o malo. Es malo cuando les da la comida que no es adecuada para ellos. Es bueno cuando les da comida nutritiva en cantidades adecuadas en el momento correcto.

y tiene que tener en cuenta la temperatura a la que está su acuario, el tamaño, y el tipo de peces a los que está alimentando.

Comunidades de Peces

Los acuarios que contienen peces comunitarios son posiblemente los más populares en todos los hogares en este momento pero ¿qué es lo que define a una comunidad? Existen comunidades de peces pacíficos, comunidades de peces un poco agresivos y comunidades de peces agresivos. Las técnicas apropiadas para la alimentación varían dependiendo de la clase de peces que tenga.

Acuario Comunitario con Peces Pacíficos

Cuando pensamos en peces pacíficos, pensamos en aquellos que son generalmente inofensivos entre ellos o aquellos que simplemente no son territoriales y no compiten por la comida. Aunque los bancos de tetras son depredadores contra un enjambre de *Daphnias*, no se les considera agresivos. Como verá más adelante, hay especies que son depredadores, sin embargo, no se les considera agresivos.

La mayoría de los acuarios comunitarios contienen una variedad de tetras, barbos, rasboras u otros peces pequeños. Por lo tanto, necesitan ser alimentados con comida de tamaño pequeño. La comida más adecuada para este tipo de peces es la comida congelada o en copos. También puede darles *Daphnia* congelada o viva en cantidades moderadas.

Peces Depredadores

Los peces depredadores generalmente reciben más atención ya que se les trata de diferente manera que a las especies de peces que comen copos de comida y comida seca con un poco de comida congelada de vez en cuando. Se cree que los peces depredadores son más sensibles pero la verdad es que son bastante fáciles de cuidar.

Una comunidad de peces pequeños debe ser alimentada con comida de tamaño pequeño.

La frecuencia recomendada varía. Peces en acuarios muy poblados necesitan ser alimentados por lo menos una vez al día, pero tenga cuidado de no poner demasiado comida en el acuario. También tenga en mente que más comida significa más desperdicio y más peces significa más comida, lo que produce aún más desperdicios. Como puede ver la situación puede ser difícil. Finalmente, lo mejor es darles menos comida y tener menos peces en el acuario.

Acuario Comunitario de Peces Depredadores

No porque tiene un acuario comunitario, debe de tener peces pacíficos. Muchos peces depredadores tienen periodos de tregua entre ellos. Es como si supieran el daño que son capaces de causarse entre ellos. Los peces pequeños depredadores son muy similares en lo que a este comportamiento se refiere.

Si tiene un acuario comunitario lleno de peces depredadores grandes o pequeños, necesita alimentarlos de la misma manera.

Los cíclidos de color azul eléctrico deben ser alimentados con productos que contienen carne.

Alimentar a peces depredadores es un gran entusiasmo para un aficionado. Es algo que además de ser asombroso, es pavoroso. Especialmente con peces depredadores grandes, ya que la comida es más grande. Ver como un pez ataca la cabeza de una serpiente es algo que puede provocar pesadillas y hacer que un aficionado que antes pensaba en experimentar con especies menos conocidas, cambie de opinión.

En general, los peces depredadores necesitan ser alimentados por lo menos tres veces a la semana. Las crías de los peces grandes se alimentan de insectos o larvas, según van creciendo van comiendo comida de tamaño más grande. Los peces depredadores más pequeños consumen comida más o menos del mismo tamaño durante toda su vida.

No existe una manera específica de alimentar a peces depredadores, debe decidir según su caso, pero todos consumen comida que contiene carne y son ricas en proteína y nutrientes. Con esta dieta viene un incremento en los nutrientes de los deshechos del pez. Por lo tanto, debe de comprobar la química del agua y su calidad. Recuerde revisar el amoniaco y otros compuestos nitrógenos en el agua del acuario y tome las medidas necesarias para prevenir problemas.

Acuarios de Especies Especificas

Algunos acuaristas sólo tienen acuarios de una sola especie. A veces son depredadores, y a veces no. Normalmente, este tipo de acuario es el mejor a la hora de la alimentación por muchas razones.

En primer lugar, como todos los peces son de la misma especie, comen la misma comida a la misma hora. En segundo lugar, con algunas excepciones, todos los peces tendrán el mismo temperamento y el mismo comportamiento. Esto hará que se entiendan mejor y haya menos agresión entre ellos. En tercer lugar, los peces crecen de una manera similar. Si uno o unos cuantos no

Un acuario con una especie específica es un tanque representado por una sola especie.

están comiendo suficiente, usted se dará cuenta en seguida ya que no estarán creciendo a la par con el resto.

Los aficionados deben buscar información sobre la comida de peces antes de decidir una dieta específica. Como aficionado responsable, usted debe darle a sus peces una dieta balanceada para que los peces puedan crecer y mantenerse saludables en cautiverio. Existen diversidad de alimentos, desde microorganismos vivos, camarones congelados hasta comida en copos que contienen lombrices de tierra. Déles una dieta variada y disfrutará de sus mascotas por mucho años.

Mantenimento del Tanque

Cuando está empezando a llenar el acuario con peces, es importante que considere la cantidad de peces que van a vivir en el tanque. Según un viejo dicho: un pez de una pulgada (excluyendo la cola) por cada galón de agua, pero no tiene que seguir el dicho al pie de la letra ya que con los sistemas de filtrado y ventilación que existen hoy día, se pueden tener más peces en menos especio. Si el acuario se ve demasiado poblado es porque lo está.

Si ha comprado demasiados peces, es muy posible que le den problemas. Los peces arreglarán el problema por medio de la depredación agresiva, o los peces morirán debido a problemas del

Debe hacer cambios parciales de agua regularmente.

ambiente. Si desea tener un acuario con muchos peces pero en un estado saludable, necesita seguir una seria de normas. El mantenimiento del tanque es extremadamente importante, no puede descuidar a sus peces y esperar que estos se mantengan saludables. Alimentar a los peces de manera regular no es suficiente.

El Cambio de Agua

La técnica más impotente en el mantenimiento de un acuario balanceado modificado es un cambio de agua frecuente. Si es posible, se recomienda un cambio del 10 al 15 por ciento del agua dos veces a la semana. Si no es posible, se recomienda un cambio del 25 por ciento del agua una vez a la semana. Cuando saque el agua del tanque, si hay desperdicios en el fondo del tanque encima de la grava, sáquelos también. Cuando añada el agua limpia, asegúrese que está a la misma temperatura que el agua del acuario o un poco más caliente. Siempre use un condicionador para quitarle el cloro al agua. Añada el agua lentamente para no perturbar las plantas o mover la grava.

Dependiendo de la cantidad de peces que tenga, el filtro del acuario debe limpiarlo regularmente. Cambie la esponja del filtro y del carbono por una nueva (siempre aclárelas en agua templada antes de usarlas). Si hace cambios de agua parciales continuamente, la calidad del agua del acuario no deteriorará.

Compruebe el pH

Compruebe el pH (potencial de hidrógeno) todas las semanas o

Exceso de Alimentos

El exceso de alimentos es quizá el factor número uno que rompe el balance de un acuario equilibrado. La mayoría de la gente disfruta alimentando a sus peces y a veces les dan de comer de cuatro a seis veces al día. Los peces viven felices comiendo dos veces al día, si éste es el horario que usted ha elegido, déles de comer por la mañana y por la noche. Si puede darles de comer más a menudo, déles de comer cada cuatro horas durante el día. Se recomienda que las luces de el acuario estén funcionando de 12 a 16 horas al día. Si la luz está funcionando constantemente producirá algas y el agua se pondrá verdosa. Además, la luz constante no permitirá que los peces descansen y especies que normalmente no son agresivas se volverán agresivas. ¡Claro que existen peces malhumorados!

antes de cambiar el agua del acuario. Si nota que el agua se ha puesto ácida, deberá cambiar la mayor cantidad de agua posible para regular el pH. Algunos peces les gusta un pH bajo. Según vaya adquiriendo experiencia, se dará cuenta a que peces les gusta el agua más ácida y a cuales les gusta más alcalina. Para un tanque comunitario, el pH normal varía entre 6.6 y 7.2.

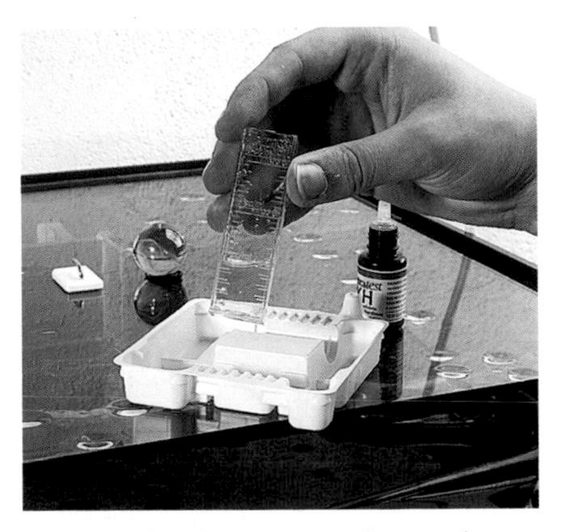

Compruebe el pH antes y después de añadir peces al acuario, cada vez que cambie el agua y cuando no tenga nada más importante que hacer.

Otra parte muy importante en el mantenimiento del tanque es el control de las algas. Si las algas empiezan a crecer en el cristal o en los adornos, el problema puede basarse en que hay mucha luz o hay demasiados nutrientes en el agua del acuario.

Puede quitar el alga pegada al cristal del acuario con un raspador magnético, como mostramos en la esta foto.

Limpie las algas del cristal pero deje las algas que hayan crecido en las piedras para que los peces puedan mordisquearlas. Si el agua se está volviendo verde es porque hay demasiadas algas, debe cambiar el agua, puede ser dañina para los peces. Existen productos químicos que puede añadir al agua para matar las algas pero un cambio de agua es igualmente beneficioso. (Con el cambio del agua no tendrá que preocuparse de los residuos que dejan los productos químicos). Los filtros UV paran los rayos solares, por lo tanto son lo mejor para controlar las algas.

¿Qué Hacer si sus Peces se Enferman?

No importa lo bien que cuide de su acuario, en su momento tendrá que lidiar con algún pez enfermo. No crea que porque uno de sus peces está enfermo significa que usted no ha realizado bien su trabajo, sino que como todo ser viviente la salud deteriora cuando se hacen mayores, y los organismos viejos suelen dar más problemas. Si está manteniendo una buena calidad del agua comprobando que el pH es el adecuado, no tendrá problemas durante mucho tiempo. Una de las maneras más fáciles de crear enfermedades en el acuario es cuando añade plantas nuevas. Todo lo que añada al tanque debe ser desinfectado con un compuesto de potasio perganmanate antes de ser introducido en el acuario.

Peces Nuevos

La introducción de peces nuevos en el acuario es quizá lo que provoca más problemas en un tanque ya establecido. Frecuentemente, un pez estará enfermo sin manifestar síntomas. Tardará días o semanas en mostrar signos de enfermedad.

Parásitos

Existen principalmente dos tipos de enfermedades que los peces pueden padecer. Parásitos e infecciones bacterianas o de hongos. Muchos de los parásitos pueden ser vistos en el cuerpo del pez después de haberse multiplicado. Una vez que haya detectado las manchas en el cuerpo del pez, tiene que averiguar que son y llevar a cabo un tratamiento adecuado. El parasito más común en los acuarios es *Ichthyophthirius multifiliis*, mejor conocido como ICK. Se manifiesta por una aparición de manchas blancas en el cuerpo y en las aletas del pez. Se cura fácilmente con un remedio que puede comprar sin receta.

Estos oscars son afectados con Ick, un parásito externo muy común.

Este disco sufre de estrés por cogerlo y transportarlo. Con un poco de tiempo se pondrá precioso.

Se dará cuenta que muchos de los tratamientos que se usan para combatir las infecciones de parásitos, como acriflavine, contienen una tintura que manchará el agua. Esta tintura hace que el aficionado sepa que la medicina está presente en el acuario. Cuando usa medicinas, es importante que no use el filtro de carbón para

Mecidinas para Peces

Pregunte en la tienda de mascotas que tipo de medicina es correcta para cada situación. Otra enfermedad similar a ICK es "la enfermedad del terciopelo" causado por un parásito llamado *Oodinium*. Esta enfermedad es un poco más difícil de curar, pero puede curarse si es diligente. Pregunte en la tienda de mascotas.

prevenir que la medicina sea absorbida. Debe mantener el sistema de filtrado pero saque la esponja del filtro de carbón y vuelva a colocar el filtro en su sitio. (Quizá tenga que añadir grava o bolitas de mármol para sujetar el filtro.) Una vez que note que las manchitas blancas han desaparecido, esto tardará cinco días o más, el tratamiento ha hecho su trabajo, y entonces deberá cambiar el 75 por ciento del agua, auque quizá sea mejor cambiar sólo el 50 por ciento.

Bacterias y Hongos

La infecciones bacterianas casi siempre acaban complicándose con hongos. Básicamente, cuando el ambiente del tanque se deteriora demasiado, ocurre un crecimiento de bacterias, las bacterias atacan peces débiles que tienen heridas o rasgaduras en la piel y matan esos pedazos de la carne. Los hongos crecen rápidamente en carne muerta. Si nota algo blanco parecido a filamentos de pelo en la piel de pez, es porque tiene una infección de hongos. Existen muchos productos para combatir los hongos, puede comprarlos en la tienda

Este moly es del tipo de "cuerpo de globo", no debe ser confundido con uno que sufre de hinchamiento.

Las infecciones de bacterias y hongos son comunes en peces que tienen heridas o laceraciones.

de mascotas. Tenga cuidado con los medicamentos (incluyendo los que tienen tintura); los paquetes tiene un prospecto que debe leer para comprobar que es adecuado para su especie de pez. En algunos casos, las medicinas pueden matar las plantas del acuario. Se recomienda que si sólo uno o dos peces están enfermos, es mejor sacarlos y colocarlos en un tanque hospital temporalmente para no tener que usar la medina en el tanque. Esto también le ahorrará dinero ya que tendrá que usar menos cantidad de medicina, y le asegurará que no se infecten otros peces.

Otra cosa que debe considerar cuando intente averiguar algún problema del acuario es la edad de los peces. La mayoría de los poecílidos viven sólo dos o tres años, por lo tanto si ha comprado peces maduros, es posible que duren menos tiempo. Esto puede ser determinado por varios signos de edad adulta, como la pérdida de peso, cambio en el color, joroba y movimientos anormales en la natación. En este caso, puede ser mejor sacar el pez enfermo del tanque antes de que muera y cause más problemas en un tanque comunitario.

Su selección de peces es importantísima para el éxito del acuario, al principio es difícil tomar las decisiones adecuadas. Después de un tiempo y según vaya adquiriendo experiencia, sabrá que peces le gustan y cuales no le gustan, además conocerá el temperamento de cada especie. Optará por comprar los peces que más le gustan e intentará deshacerse de los que no le gustan.

Existen libros muy buenos sobre las enfermedades de los peces. Es importante que compre uno como guía de referencia, y así poder identificar el problema y solucionarlo lo antes posible. Ayudar a sus peces cuando están enfermos le ahorrará más dinero de lo que gastó en la guía. Es más eficiente determinar el problema y solucionarlo que reemplazar los peces o a todo un tanque comunitaro.

Recursos

REVISTAS

Tropical Fish Hobbyist
(no disponible en español)
1 T.F.H. Plaza
3rd & Union Avenues
Neptune City, NJ 07753
Teléfono: (732) 988-8400
E-mail: info@tfh.com
www.tfhmagazine.com

PAGINAS DE INTERNET

A World of Fish
www.aworldoffish.com
Aquarium Hobbyist
www.aquariumhobbyist.com
Cichlid Forum
www.cichlid-forum.com
Discus Page Holland
www.dph.nl
FINS: The Fish Information Service
http://fins.actwin.com
Fish Geeks
www.fishgeeks.com
Fish Index
www.fishindex.com
MyFishTank.Net
www.myfishtank.net
Piranha Fury
www.piranha-fury.com
Planet Catfish
www.planetcatfish.com
Tropical Resources
www.tropicalresources.net
Water Wolves
http://forums.waterwolves.com

SOCIEDADES & ORGANIZACIONES

Association of Aquarists
David Davis, Membership Secretary
2 Telephone Road
Portsmouth, Hants, England
PO4 0AY
Teléfono: 01705 798686

British Killifish Association
Adrian Burge, Publicity Officer
E-mail: adjan@wym.u-net.com
www.bka.org.uk

Canadian Association of Aquarium Clubs
Miecia Burden, Membership Coordinator
142 Stonehenge Pl.
Kitchener, Ontario, Canada
N2N 2M7
Teléfono: (517) 745-1452
E-mail: mbburden@look.ca
www.caoac.on.ca

Federation of American Aquarium Societies
Jane Benes, Secretary
923 Wadsworth Street
Syracuse, NY 13208-2419
Teléfono: (513) 894-7289
E-mail: jbenes01@yahoo.com
www.gcca.net/faas

Goldfish Society of America
P.O. Box 551373
Fort Lauderdale, FL 33355
E-mail: info@goldfishsociety.org
www.goldfishsociety.org

International Betta Congress
Steve Van Camp, Secretary
923 Wadsworth St.
Syracuse, NY 13208
Teléfono: (315) 454-4792
E-mail: bettacongress@yahoo.com
www.ibcbettas.com

International Fancy Guppy Association
Rick Grigsby, Secretary
3552 West Lily Garden Lane
South Jordan, Utah 84095
Teléfono: (801) 694-7425
E-mail: genx632@yahoo.com
www.ifga.org

Indice

Fotógrafos:

H. Custers
B. Degen
J. Elias
W. Fink
I. Francis
R. Hagen
R. Hunziker
B. Kahl
H. Linke
O. Lucanus
H. Mayer
A. Norman
J. O'Malley
MP. & C. Piednoir
H. Piken
J. Quinn
M. Sharp
K. Tanaka
H-J. Richter
F. Rosenzweig
A. Roth
G. Schmelzer
M. Shobo
M. Smith
E. Taylor
J. Vierke
Dr. S. Weitzman